Música

3

Primaria

Vivace

PEARSON
Alhambra

Libro del alumno

Índice

Las familias musicales

Unidad 1

Igual que las personas, los instrumentos pertenecen a una familia.

- ¿Qué instrumentos se han colado en esta familia de cuerda? ¿Sabes a qué familias pertenecen?

Cantamos

José se llamaba el padre (Rosa León)

■ Canta y entona esta canción.

José se llamaba el padre,
Josefa la mujer,
y tenían un hijito que se llamaba...

José se llamaba el padre...

Manuel se llamaba el padre,
Manuela la mujer,
y tenían un hijito que se llamaba...

Manuel se llamaba el padre...

Ramón se llamaba el padre,
Ramona la mujer,
y tenían un hijito que se llamaba...

Ramón se llamaba el padre...

Fermín se llamaba el padre,
Fermina la mujer,
y tenían un hijito que se llamaba...

Fermín se llamaba el padre...

¿Qué instrumento suena?

Lenguaje musical

Recuerda

Aprende

Nota do'

Nota re'

■ Lee estas notas en voz alta.

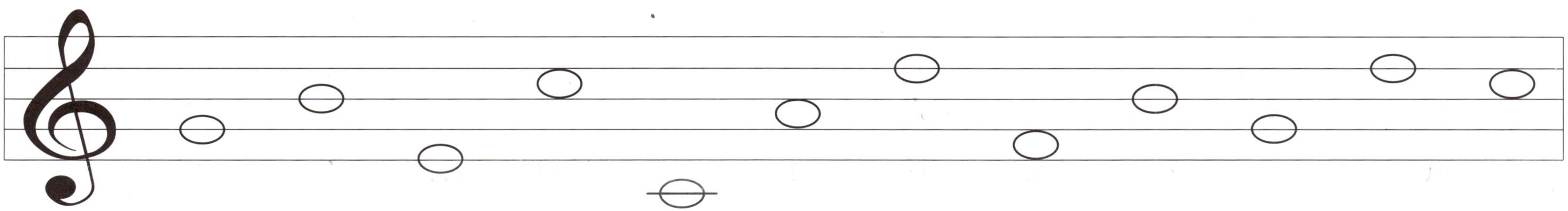

- Las notas musicales representan la altura del sonido, y las figuras musicales la duración de las notas.
- Los silencios representan las pausas; no tienen sonido, pero sí duración.
- El pentagrama es el conjunto de cinco líneas y cuatro espacios en el que se escriben las notas musicales.
- La clave de sol es un símbolo musical que se coloca al comienzo del pentagrama e indica la posición de la nota sol.

4 Els Nyitos

■ Baila esta danza típica de Cataluña con tus compañeros.

Reforzamos

Los instrumentos se agrupan en tres familias

Cuerda

Guitarra

Violín

Arpa

Viento

Flauta dulce

Saxofón

Trompeta

Percusión

Pandereta

Xilófono

Triángulo

- Las **notas musicales** representan la altura del sonido: 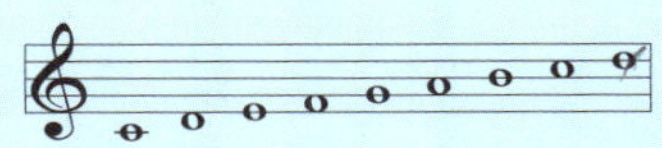 Las **figuras musicales,** la duración de las notas: 
- Los **silencios** representan las pausas; no tienen sonido, pero sí duración: 
- El **pentagrama** es el conjunto de cinco líneas y cuatro espacios en el que se escriben las notas musicales: 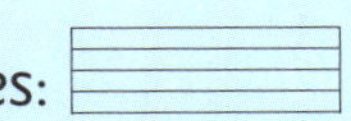
- La **clave de sol** es un símbolo musical que se coloca al comienzo del pentagrama e indica la posición de la nota sol: 

Unidad 2

Marionetas en la cuerda

Las cuerdas nos ayudan a comunicarnos, a divertirnos, a marcar el tiempo, a trabajar y a disfrutar tanto de la música tradicional como de la culta y la más moderna.

- Observa y di, ¿cuántas cuerdas tiene una guitarra?, ¿y un violín?

Cuerda

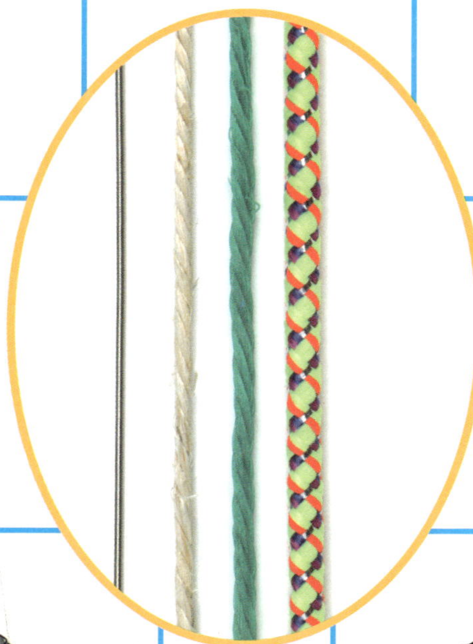

Cuerdas vocales

Instrumentos de cuerda

Marionetas

Juegos con cuerdas

Relojes de cuerda

Cuerdas en el trabajo

El columpio (Víctor Manuel)

■ Canta esta canción con tus compañeros.

1 Una rama fuerte y alta,
una cuerda y una tabla.
Los columpios son mejores
si en la rama hay muchas flores.
Y más a gusto se mecen
si abajo la hierba crece.
Mece y mece, yo me voy
del cabello al viento en flor.

2 En el viento mece y mece,
sombra y luz sobre la frente.
Meciéndome estoy sentado,
cielo arriba, cielo abajo.
Con las piernas encogidas,
cielo abajo, cielo arriba.
Con las piernas estiradas
llevo toda la mañana.

3 Verde arriba, verde abajo,
mis zapatos van colgando.
Meciéndome voy meciendo
y la rama floreciendo.
Soñándome estoy soñando
y la rama verdeando.
Cielo arriba, verde abajo,
y mil flores por todo el campo.

La flauta dulce

La flauta es un instrumento de viento muy antiguo. Tiene siete agujeros en la parte delantera y uno detrás. Con ella se pueden tocar multitud de melodías.

■ Sigue estos sencillos consejos, verás qué fácil es:

- Mantén la espalda recta y los codos ligeramente separados del cuerpo.
- Apoya la boquilla sobre los labios.
- Sujeta la flauta suavemente y haz coincidir las yemas de los dedos en los agujeros.
- Sopla suavemente pronunciando la sílaba «tu».

Partes de la flauta

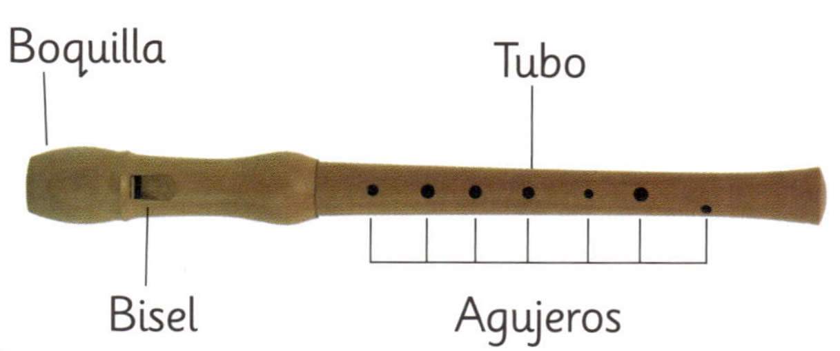

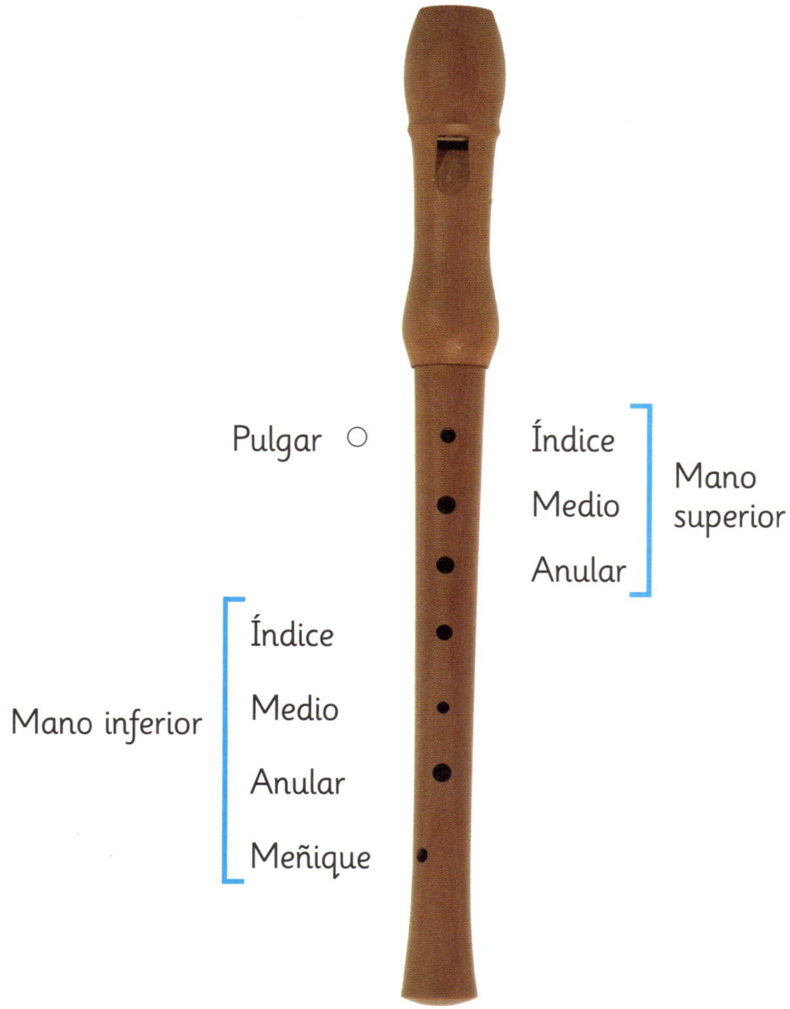

Lenguaje musical

Recuerda

♩ 1t Negra	𝄽 1t Silencio de negra	♪ 1/2t Corchea	𝄾 1/2t Silencio de corchea	1t ♪♪ = ♫
ta	sss	ti	ss	ti - ti ti - ti

Aprende

2t 𝅗𝅥 Blanca	2t 𝄼 Silencio de blanca	𝅗𝅥 = ♩ + ♩
to	ssss	

- Practica estos esquemas rítmicos siguiendo las indicaciones de tu profesor.

- El sonido se produce por la vibración de un objeto. La ausencia del sonido es el silencio.
- Las cualidades del sonido son: intensidad, altura, duración y timbre.

Intensidad

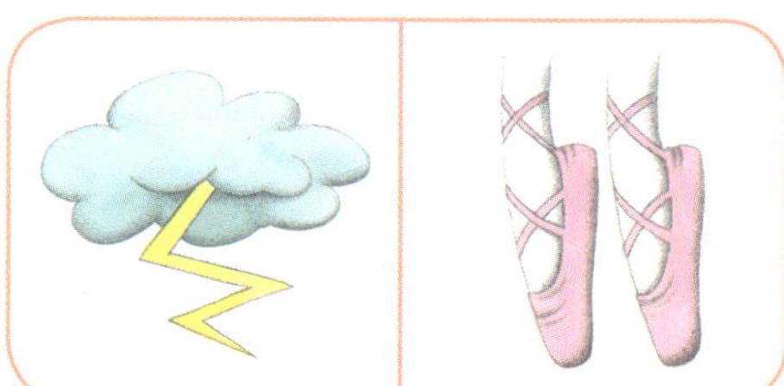

Fuerte Suave

Altura

Agudo Grave

Duración

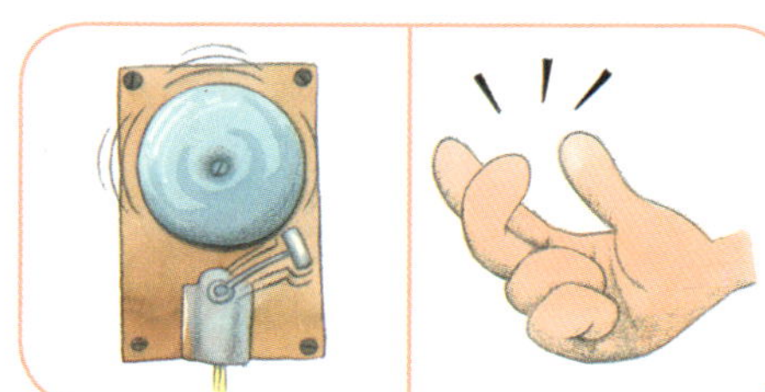

Largo Corto

Timbre

Modo propio de sonar

Marcha para una marioneta

■ Muévete libremente con esta música, que sirve para despedir a una marioneta que emigra a otro lugar en busca de una vida mejor.

Reforzamos

Los instrumentos de cuerda suenan al...

Frotar con arco

Contrabajo

Golpear o percutir con martillos

Piano

Puntear con los dedos

Arpa

- El **sonido** se produce por la vibración de un objeto. La ausencia del sonido es el **silencio**.
- Las **cualidades del sonido** son: **intensidad, altura, duración** y **timbre**.

Unidad 3

El viento

En los instrumentos de viento el sonido se produce al vibrar el aire en un tubo.

- Observa las ondas sonoras y escucha los sonidos que emite cada objeto, ¿cuál o cuáles son desagradables?

Teléfono

Televisión

Radio

Viento

Ruido de tráfico

Trombón

Trompeta

Clarinete

Fagot

Que canten los niños (José Luis Perales)

■ Canta e interpreta con tus compañeros esta canción.

Estribillo 1

Que canten los niños,
que alcen la voz,
que hagan al mundo escuchar.
Que unan sus voces
y lleguen al sol,
en ellos está la verdad.

Estribillo 2

Que canten los niños
que viven en paz
y aquellos que sufren dolor.
Que canten por esos
que no cantarán
porque han apagado su voz.

Yo canto para que me dejen vivir.
Yo canto para que sonría mamá.
Yo canto porque sea el cielo azul
y yo para que no me ensucien el mar.
Yo canto para los que no tienen pan.
Yo canto para que respeten la flor.
Yo canto porque el mundo sea feliz.
Yo canto para no escuchar el cañón.

Estribillo

Yo canto porque sea verde el jardín
y yo para que no me apaguen el sol.
Yo canto por el que no sabe escribir
y yo por el que escribe versos de amor.
Yo canto para que se escuche mi voz
y yo para ver si les hago pensar.
Yo canto porque quiero un mundo feliz
y yo por si alguien me quiere escuchar.

Estribillo

3 Tocamos

Flauta: primeras prácticas

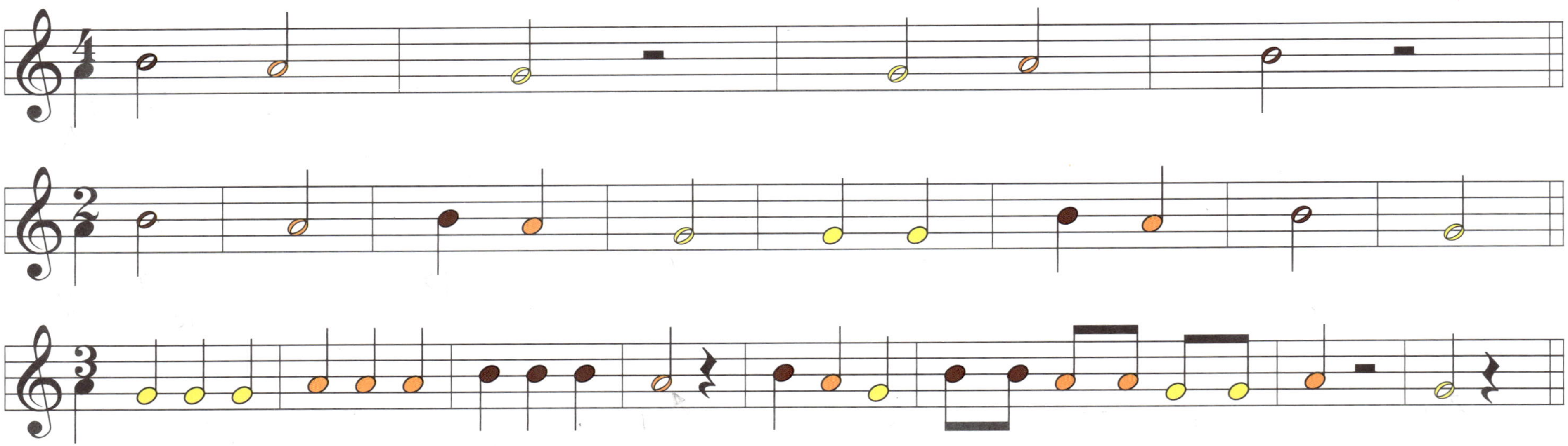

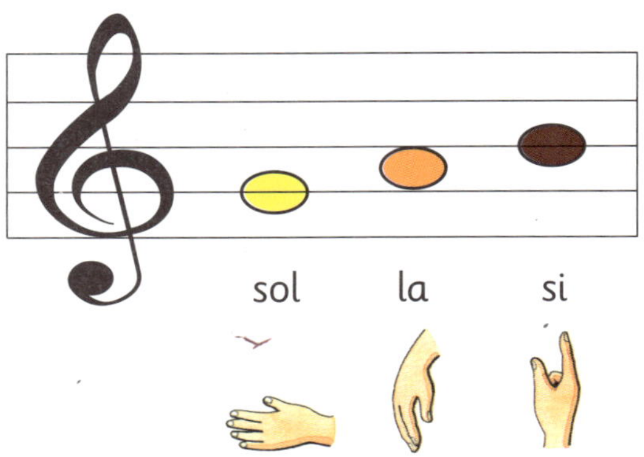

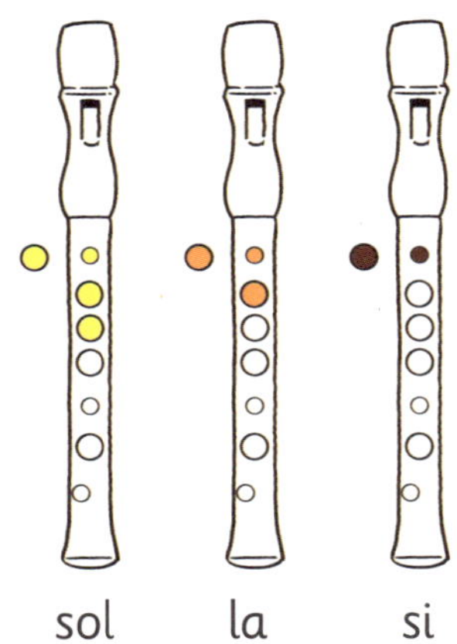

Recuerda

- Estudia las partituras poco a poco.
- No intentes aprender toda la canción de golpe. Es mejor que vayas compás a compás.

Lenguaje musical

Recuerda

♩	𝄽	♪	𝄾
Negra	Silencio de negra	Corchea	Silencio de corchea

𝅗𝅥	𝄼
Blanca	Silencio de blanca

Aprende

- El compás es la división del tiempo en partes iguales.
- Hay tres tipos de compases: binario, ternario y cuaternario.
- Para separar compases se utiliza la línea divisoria: |
- La doble barra indica el final de un fragmento musical: ||

Tipos de compases

Binario o de dos por cuatro

- Entran dos tiempos.
- Se representa: $\frac{2}{♩}$ $\frac{2}{4}$

Ternario o de tres por cuatro

- Entran tres tiempos.
- Se representa: $\frac{3}{♩}$ $\frac{3}{4}$

Cuaternario o de cuatro por cuatro

- Entran cuatro tiempos.
- Se representa: $\frac{4}{♩}$ $\frac{4}{4}$

■ Lee estas partituras marcando el compás.

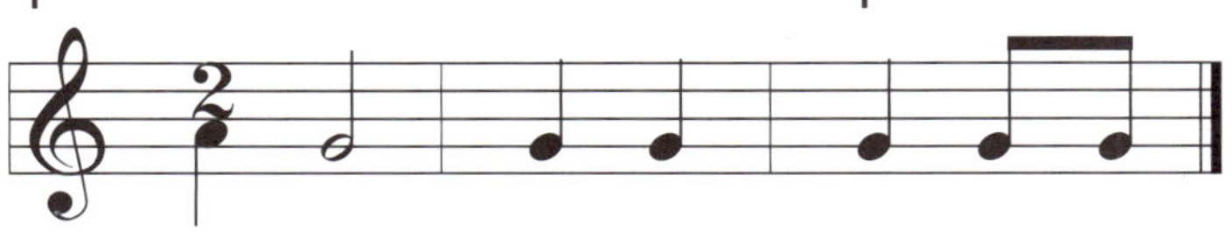

Diálogo entre el viento y el mar

El viento es el responsable de que el mar se mueva y se produzcan las olas.

- Escucha esta música siguiendo las imágenes.

Reforzamos

Los instrumentos de viento se clasifican en…

Viento-madera

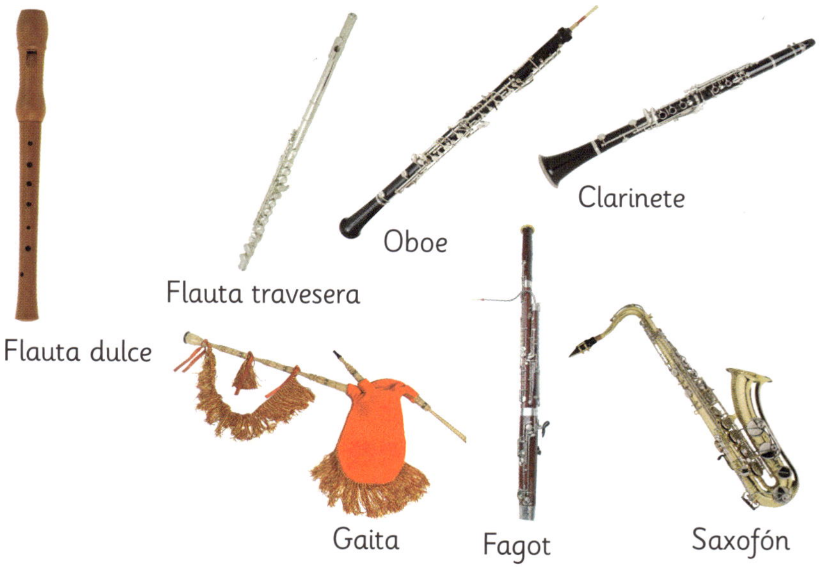

Viento-metal

- El compás es la división del tiempo en partes iguales. Hay tres tipos de compases: binario, ternario y cuaternario.
- Para separar compases se utiliza la línea divisoria: | La doble barra indica el final de un fragmento musical: ||

Unidad 4

Golpes que hacen música

Los instrumentos de percusión fueron los primeros que utilizaron los hombres en sus cantos y danzas.

■ Observa y di de dónde proviene cada uno de estos instrumentos de percusión. ¿Quién «no da golpe»?

Percusión

Litófono primitivo

Gong

Maracas

Para golpear

Bongos

Triángulo

Pandereta

Cantamos

18 La reina Berenguela (Rosa Léon)

■ Canta esta canción respirando y vocalizando correctamente.

1 La reina Berenguela, güi, güi, güi,
como es tan fina, trico, trico, tri,
como es tan fina, lairó, lairó, lairó, lairó, lairó.

2 Se pinta los colores, güi, güi, güi,
con purpurina, trico, trico, tri,
con purpurina, lairó, lairó, lairó, lairó, lairó.

3 La reina Berenguela, güi, güi, güi,
tiene un perrito, trico, trico, tri,
tiene un perrito lairó, lairó, lairó, lairó, lairó.

4 Que le barre la casa, güi, güi, güi,
con el rabito, trico, trico, tri,
con el rabito lairó, lairó, lairó, lairó, lairó.

5 Y le friega los platos, güi, güi, güi,
con el hocico, trico, trico, tri,
con el hocico, lairó, lairó, lairó, lairó, lairó.

Flauta: sol, la, si

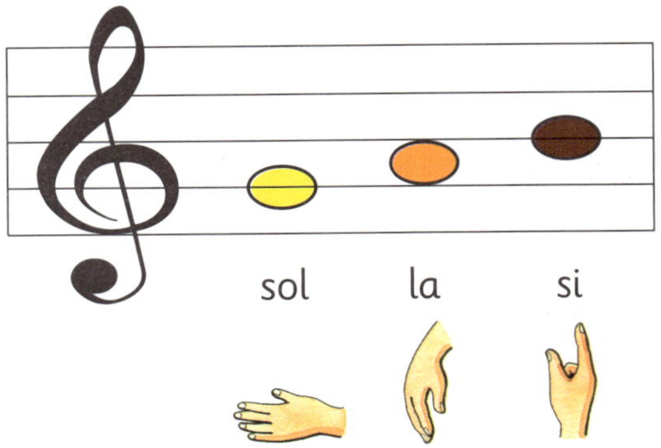

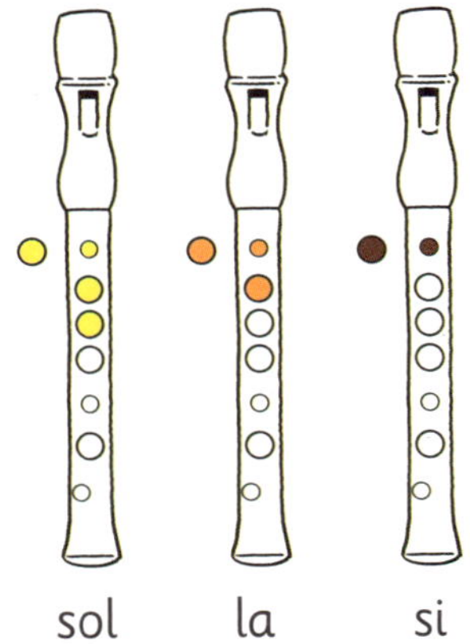

Aprende

- La ligadura es una línea curva que suma la duración de dos o más notas del mismo nombre y sonido: ‿ ⁀
- Los puntos de repetición indican que se debe repetir un fragmento de música determinado: :||

Buba niña (popular del País Vasco)

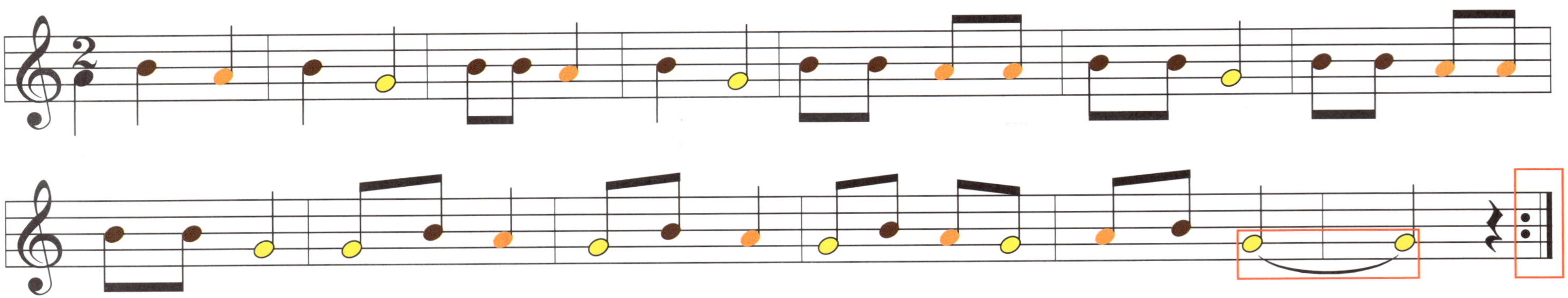

Recuerda

- El compás es la división del tiempo en partes iguales.
- Hay tres tipos de compases: binario, ternario y cuaternario.
- Para separar compases se utiliza la línea divisoria: |
- La doble barra indica el final de un fragmento musical: ||

Aprende

- La escala musical es la serie ordenada de notas musicales. Puede ser ascendente o descendente.
- El canon es una composición musical en la que van entrando voces progresivamente y cada una repite el canto de la anterior.

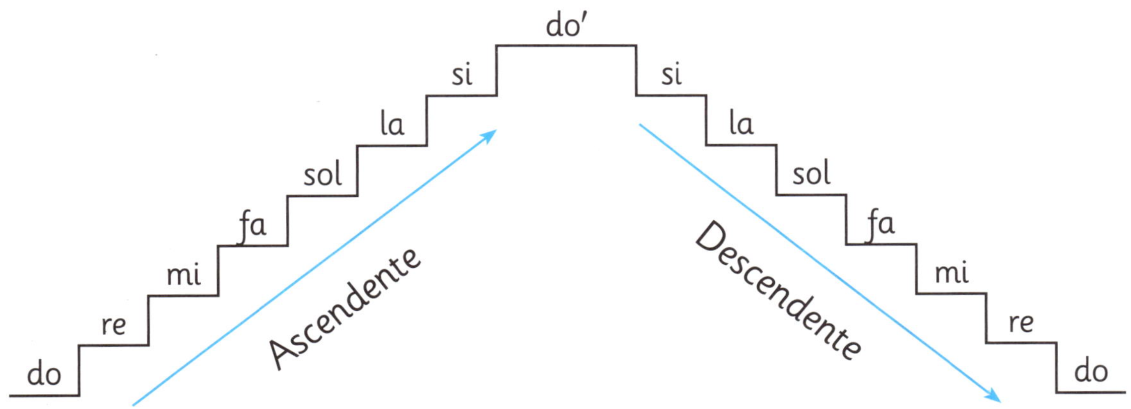

■ Lee y entona estas notas.

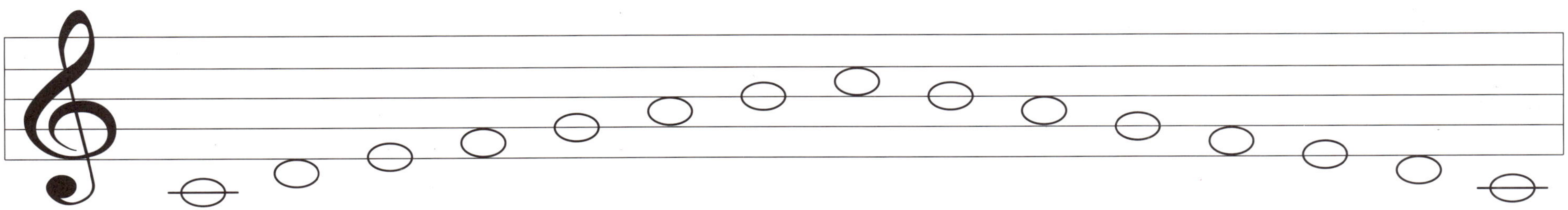

21 Te ve'orez

■ Muévete al ritmo de esta danza típica de Israel.

Reforzamos

Los instrumentos de percusión pueden ser de...

Madera

Claves

Castañuelas

Caja china

Xilófono

Metal

Triángulo

Campanas

Metalófono

Platillos

Membrana

Timbal

Pandero

Tambor

Bombo

- La **escala musical** es la serie ordenada de notas musicales. Puede ser ascendente o descendente.
- El **canon** es una composición musical en la que van entrando voces progresivamente y cada una repite el canto de la anterior.

Viva la música

Unidad 5

Las bandas de música son agrupaciones de instrumentos, normalmente de viento y percusión. Suelen actuar al aire libre en las fiestas de pueblos y ciudades. Interpretan melodías muy alegres.

- Observa y escucha, ¿puedes diferenciar los instrumentos de viento de los de percusión?

25 La banda (Pasimisí)

■ Disfruta cantando esta canción con tus compañeros.

En mi pueblo hay una banda,
yuplailá, yuplailá.
En mi pueblo hay una banda,
yuplailá.

Se toca el violín,
vio, vio, violín, violín, violín,
vio, vio, violín, violín.

En mi pueblo hay una banda,
yuplailá, yuplailá.
En mi pueblo hay una banda,
yuplailá.

Se toca el saxofón,
saxo, saxo, saxofón, saxofón, saxofón,
saxo, saxo, saxofón, saxofón.

Se toca el xilofón…

Se toca la guitarra…

Se toca el piano…

Flauta: do’ y re’

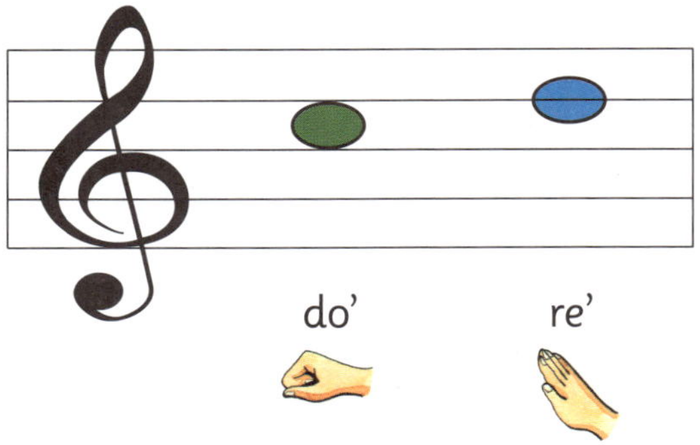

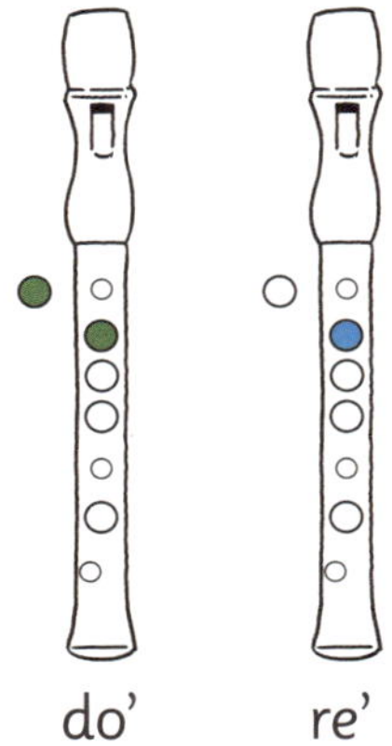

Bernat, Bernat (popular de Valencia)

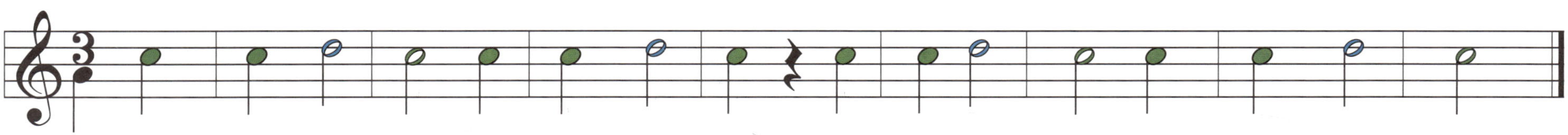

Recuerda

♩	𝄽	♪	𝄾	𝅗𝅥	𝄼
Negra	Silencio de negra	Corchea	Silencio de corchea	Blanca	Silencio de blanca

Aprende

𝅝	𝄻	
Redonda	Silencio de redonda	𝅝 = ♩ + ♩ + ♩ + ♩
taaa…	ssss…	

■ Practica estos esquemas rítmicos siguiendo las indicaciones de tu profesor.

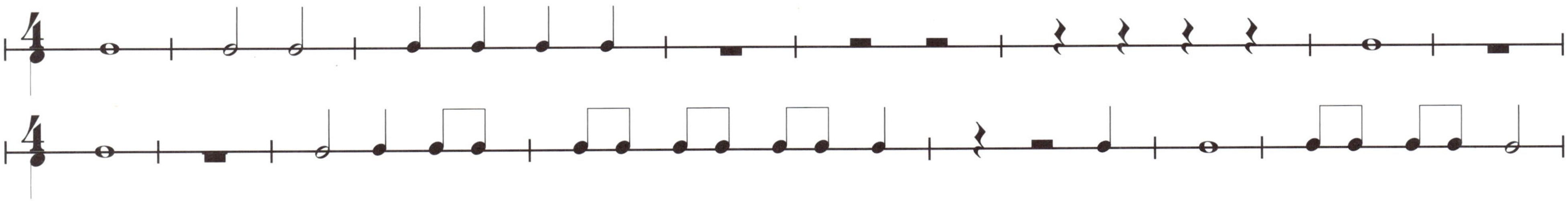

• El eco es una forma musical que consiste en la repetición de un fragmento musical.

■ Practica el eco con estos esquemas rítmicos, siguiendo las indicaciones de tu profesor.

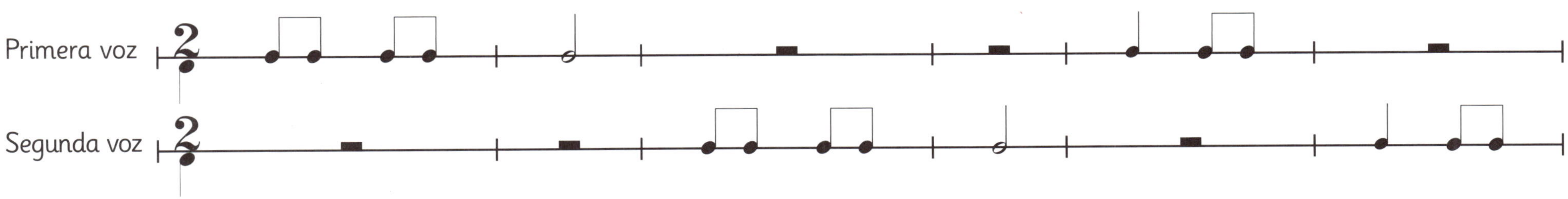

5 Nos movemos

28 Take me to your world

■ Expresa sin palabras, al ritmo de la música, estas acciones.

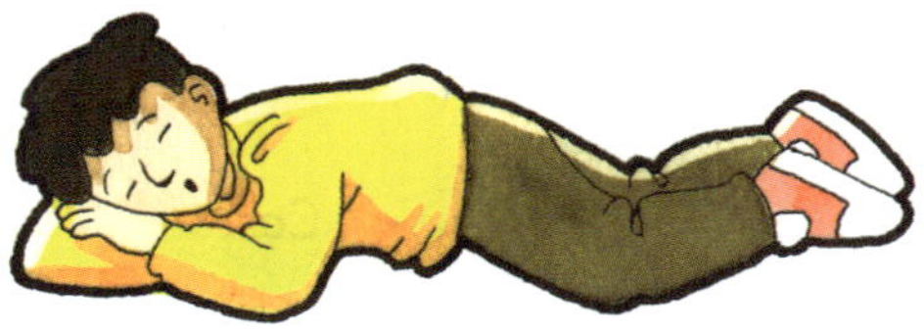

Dormitorio

Cuarto de baño

Cocina

Comedor

Salón

Jardín

Reforzamos

29 30

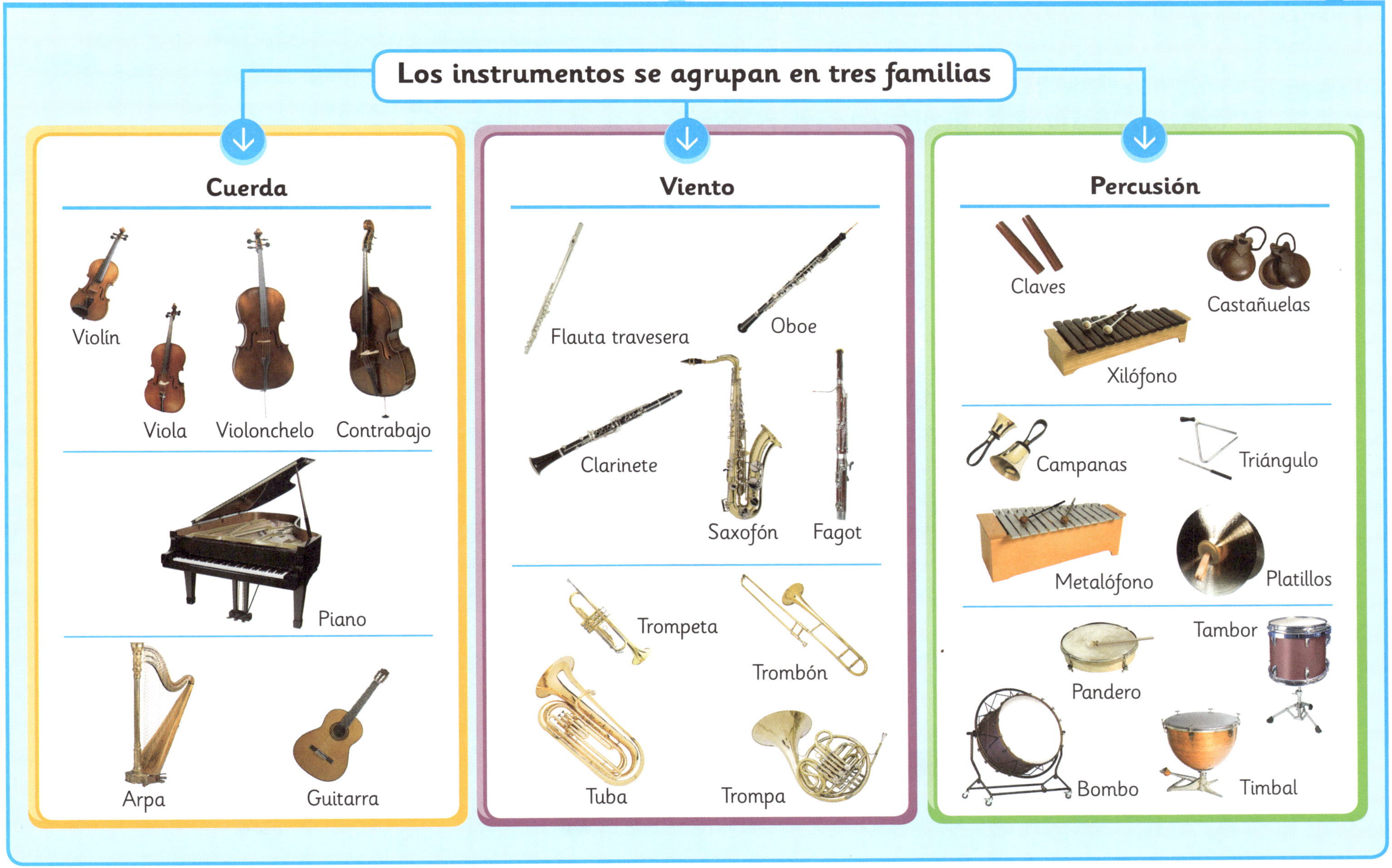

Unidad 6

La orquesta sinfónica

La orquesta sinfónica tiene, aproximadamente, un centenar de instrumentos, divididos en familias: cuerda, viento y percusión. Todos los músicos de la orquesta están coordinados por el director.

- Observa mientras escuchas. ¿Puedes distinguir las distintas familias de instrumentos?

Cantamos

32 Mi familia (Gabi, Fofó y Miliki)

■ Canta e interpreta esta canción.

Mi familia, mi familia,
sí señores, sí señores,
somos músicos de honores,
y tenemos, y tenemos,
una orquesta, una orquesta,
por muchas generaciones.

Si tú quieres, si tú quieres,
que te enseñe, que te enseñe,
a tocar la melodía,
pues depende, pues depende,
del instrumento, del instrumento,
que tú tengas ese día.

Estribillo
Si toco la trompeta, tará, tará, tareta.
Si toco el clarinete, teré, teré, terete.
Si toco el violín, tilín, tilín, tilín.
Si toco el tambor, rom, rom, rom.

Mi abuelita, mi abuelita,
muy coqueta, muy coqueta,
siempre toca la trompeta,
y mi abuelo, y mi abuelo,
con un dedo, con un dedo,
da lecciones de corneta.

Si tú quieres, si tú quieres,
que te enseñe, que te enseñe,
a tocar la melodía,
pues depende, pues depende,
del instrumento, del instrumento,
que tú tengas ese día.

Estribillo

6 Tocamos

33 34 Flauta: sol, la, si, do' y re'

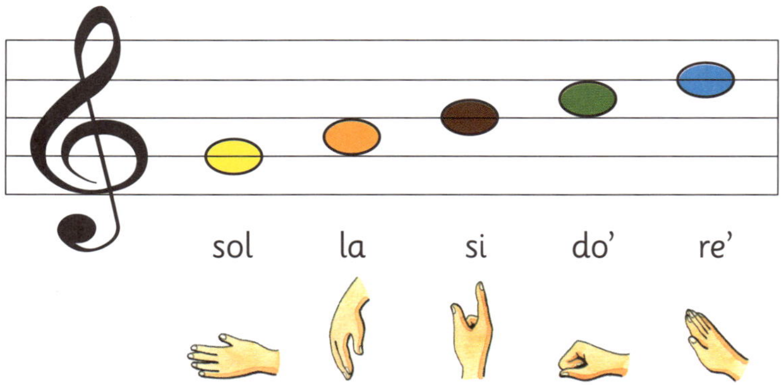

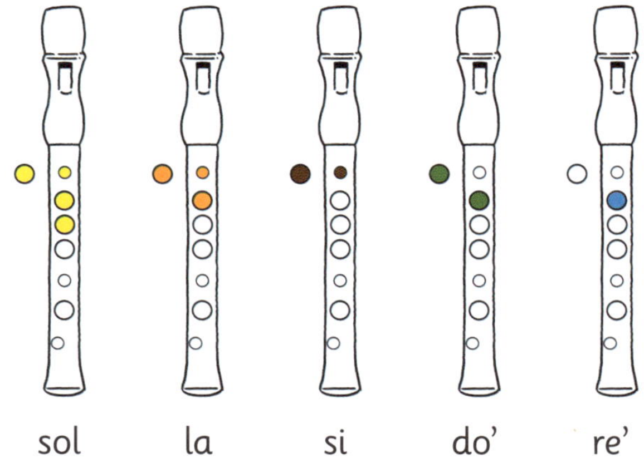

Ramón del alma mía (tonadilla)

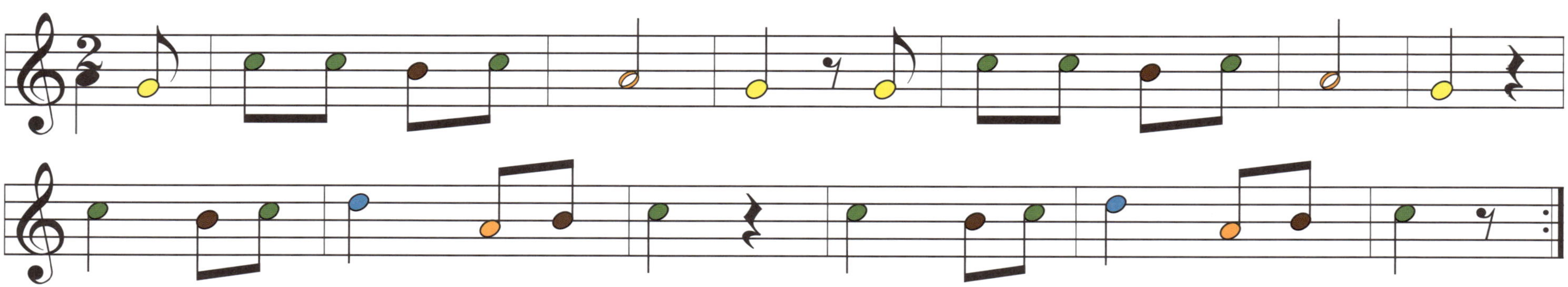

Lenguaje musical

6

Cualidades del sonido

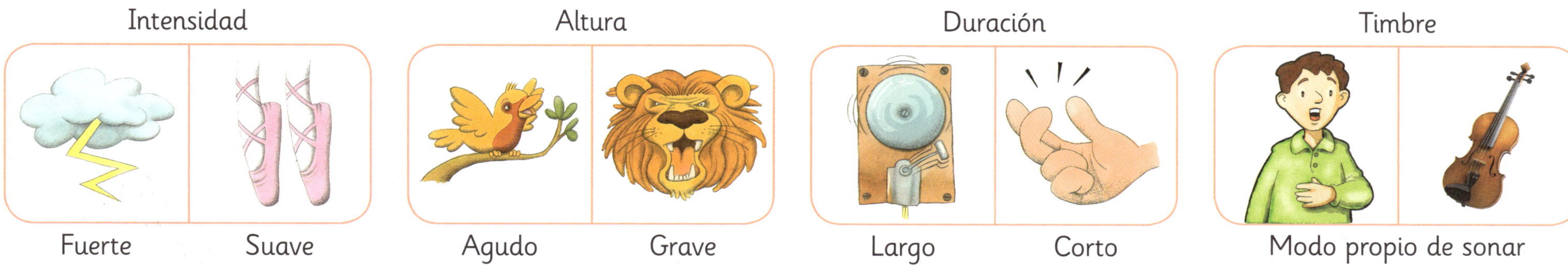

Figuras y silencios

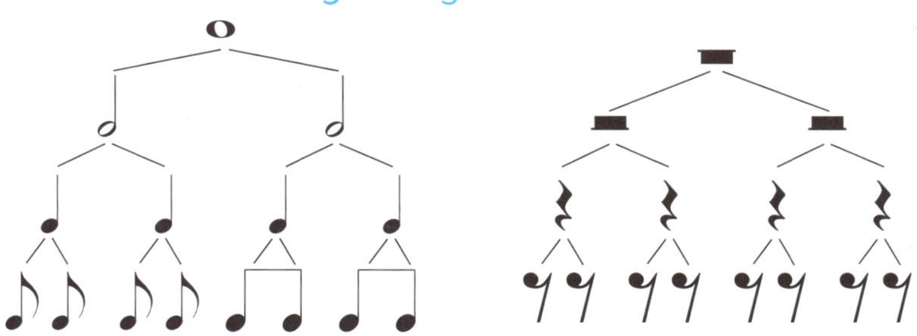

Compás

Binario: 2/♩ 2/4

Ternario: 3/♩ 3/4

Cuaternario: 4/♩ 4/4

Línea divisoria: |

Doble barra: ||

Puntos de repetición: :||

Ligadura: ‿ ⁀

Escala musical

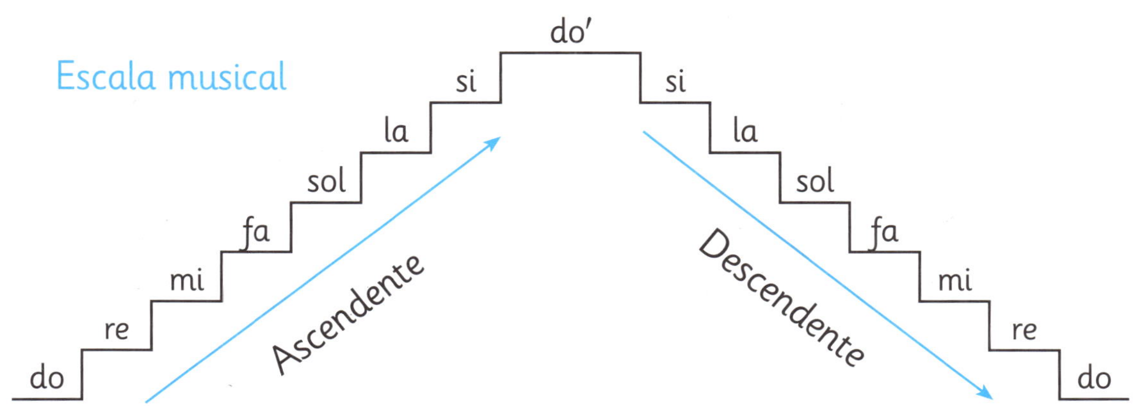

6 Nos movemos

Ritmo y movimiento

■ Muévete siguiendo el ritmo.

Ando

Corro

Salto

Reforzamos

35

El canto y la respiración

La voz es el instrumento musical más antiguo. Con ella se puede hablar, gritar, llorar o cantar.

Para cantar bien es muy importante vocalizar correctamente y estar relajado. La postura más adecuada es de pie, con el tronco recto y los brazos en los costados. Además, también es muy importante respirar correctamente. La respiración consta de tres fases:

1. Inspiración: tomar aire del exterior.
2. Retención: mantener voluntariamente el aire en los pulmones.
3. Espiración: soltar el aire poco a poco mientras se canta.

Inspiración

Retención

Espiración

■ Realiza ahora estos ejercicios prácticos.

- Túmbate en el suelo y coloca tu mano en el estómago, a la altura del ombligo. Toma aire por la nariz lentamente.
- Retén el aire en los pulmones e intenta llevarlo hacia el diafragma. El diafragma es el músculo que se contrae cuando haces abdominales.
- Coloca un libro, no demasiado pesado, sobre el diafragma y repite de nuevo el ejercicio. Verás cómo el libro comienza a elevarse poco a poco.

Estaba una pastora (popular infantil)

Estaba una pastora,
lará, lará, larito,
estaba una pastora
cuidando un rebañito.
Con leche de sus cabras
lará, lará, larito,
con leche de sus cabras,
hacía los quesitos.

El gato la miraba,
lará, lará, larito,
el gato la miraba
con ojos golositos.
Gato, no eches la uña,
lará, lará, larito,
gato, no eches la uña
y estropees el quesito.

El gato echó la uña,
lará, lará, larito,
el gato echó la uña
y estropeó el quesito.
La pastora enfadada,
lará, lará, larito,
la pastora enfadada
le cortó su rabito.

A confesar la falta,
lará, lará, larito,
a confesar la falta
se fue al padre Benito.
Estaba una pastora,
lará, lará, larito,
estaba una pastora
cuidando un rebañito.

En el balcón de palacio (Joaquín Díaz)

En el balcón de palacio, jajá, jajá,
en el balcón de palacio, jajá, jajá,
no hay barandillas, jajá, jajá,
no hay barandillas.

Se pasean colegiales, jajá, jajá,
se pasean colegiales, jajá, jajá,
por las orillas, jajá, jajá,
por las orillas.

38 Una pandereta suena (popular de Andalucía)

Una pandereta suena,
una pandereta suena,
yo no sé por dónde irá.
Sal mirandillo arandandillo,
sal mirandillo arandandá,
cabo de guardia alerta está.

No me despiertes al Niño,
no me despiertes al Niño,
que ahora mismo se durmió.
Sal mirandillo arandandillo,
sal mirandillo arandandá,
cabo de guardia alerta está.

Que lo durmió una zagala,
que lo durmió una zagala,
como los rayos del sol.
Sal mirandillo arandandillo,
sal mirandillo arandandá,
cabo de guardia alerta está.

Tuvo un pecho tan dulce,
tuvo un pecho tan dulce,
que pudo dormir a Dios.
Sal mirandillo arandandillo,
sal mirandillo arandandá,
cabo de guardia alerta está.

39 «Hay un amigo en mí» *Toy Story* (Randy Newman)

Hay un amigo en mí,
hay un amigo en mí,
cuando eches a volar
y tal vez, añores tu dulce hogar,
lo que te digo debes recordar,
porque hay un amigo en mí,
sí, hay un amigo en mí.

Hay un amigo en mí,
hay un amigo en mí,
y cuando sufras aquí me tendrás,
no dejaré de estar contigo, ya verás,
no necesitas a nadie más,
porque hay un amigo en mí,
hay un amigo en mí.

Otros habrá, tal vez,
mucho más listos que yo,
eso puede ser, tal vez,
mas nunca habrá quien pueda ser
un amigo fiel y tú lo sabes.

El tiempo pasará,
lo nuestro no morirá,
lo vas a ver, es mejor saber,
que hay un amigo en mí,
hay un amigo en mí.

Digitaciones de flauta

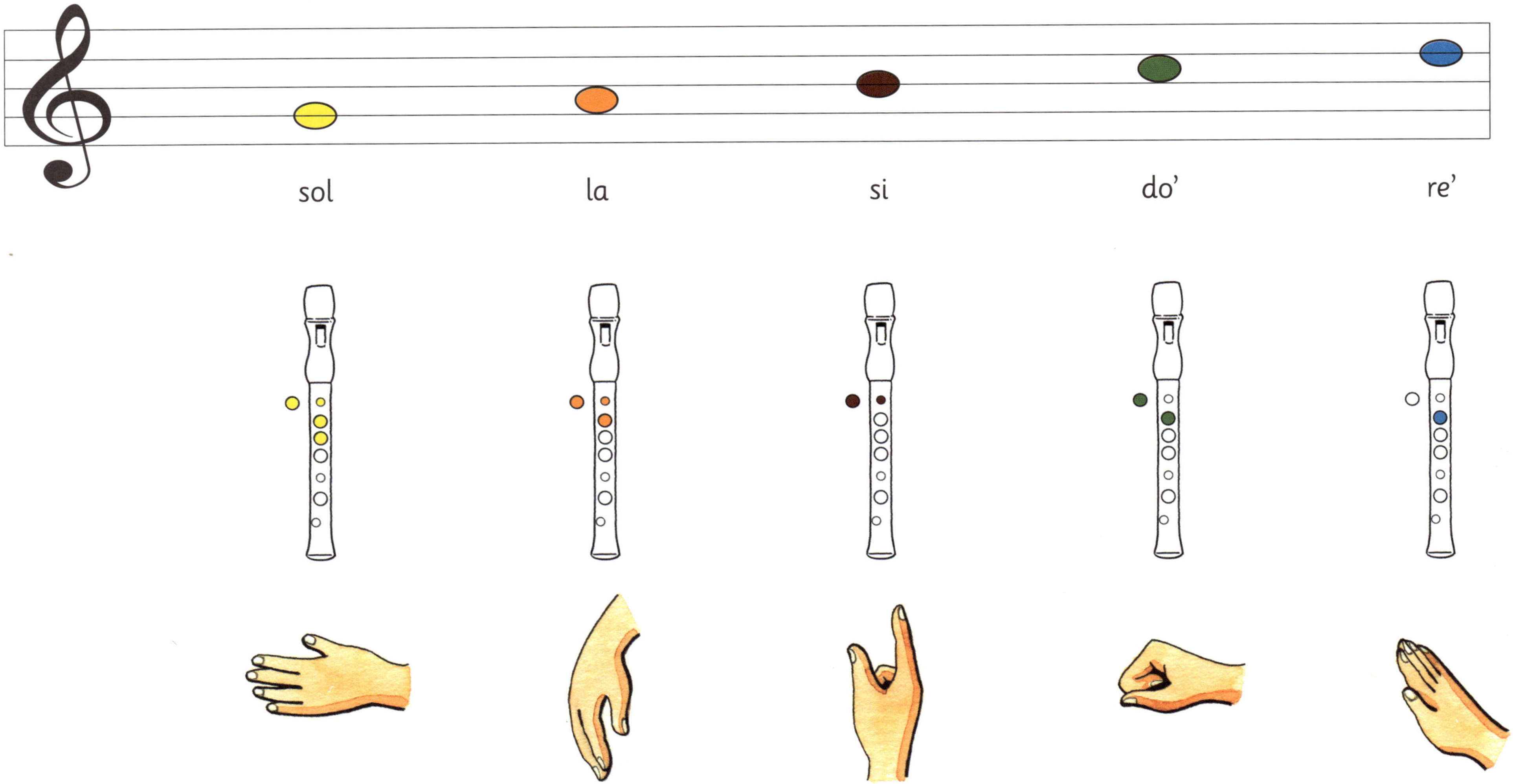

Mapa de contenidos

	Música y cultura	Cantamos	Tocamos	Lenguaje musical	Nos movemos	Reforzamos
1 Las familias musicales	Introducción a las familias musicales: cuerda, viento y percusión.	Entonación y oído: *José se llamaba el padre.*	Discriminación acústica de instrumentos de percusión.	Recuerda: 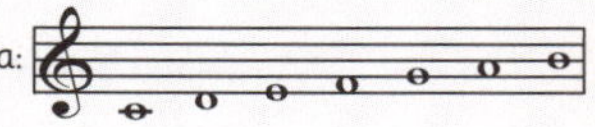 Aprende: 	Baile regional: *Els Nyitos.*	Instrumentos de cuerda, viento y percusión. Notas y figuras musicales, silencios, el pentagrama y la clave de sol.
2 Marionetas en la cuerda	Instrumentos de cuerda.	Intensidad: *El columpio.*	Presentación de la flauta dulce.	Recuerda: ♩, 𝄽, ♪ y 𝄾 Aprende: 𝅗𝅥 y 𝄼 El sonido y sus cualidades.	Movimiento y dramatización: *Marcha para una marioneta.*	Instrumentos de cuerda: frotada, percutida y punteada. El sonido y sus cualidades.
3 El viento	Instrumentos de viento.	Respiración: *Que canten los niños.*	Primeras prácticas con la flauta: sol, la y si.	Recuerda: ♩, 𝄽, ♪, 𝄾, 𝅗𝅥 y 𝄼 Aprende: 2/4, 3/4 y 4/4; | y ||	Musicograma con coreografía: *Diálogo entre el viento y el mar.*	Instrumentos de viento: viento-madera, viento-metal. Compás, línea divisoria y doble barra.
4 Golpes que hacen música	Instrumentos de percusión.	Postura corporal: *La reina Berenguela.*	Flauta: sol, la y si. Interpretación de *Buba niña* en karaoke, con la *Canal Street Jazz Band.* Ligadura y puntos de repetición.	Recuerda: compás, compases 2/4, 3/4 y 4/4; | y || Aprende: escala y canon.	Danza del mundo: *Te ve'orez.*	Instrumentos de percusión: madera, metal y membrana. Escala y canon.
5 Viva la música	La banda de música.	Canto coral: *La banda.*	Flauta: do' y re'. Interpretación de *Bernat, Bernat* en karaoke, con la *Canal Street Jazz Band.*	Recuerda: ♩, 𝄽, ♪, 𝄾, 𝅗𝅥 y 𝄼 Aprende: 𝅝 y 𝄻 Eco.	Movimiento y dramatización: *Take me to your world.*	Instrumentos de cuerda, viento y percusión.
6 La orquesta sinfónica	Estructura de la orquesta sinfónica.	Voz: *Mi familia.*	Flauta: sol, la, si, do' y re'. Interpretación de *Ramón del alma mía* en karaoke, con la *Canal Street Jazz Band.*	Repaso de todo el libro: ♩, 𝄽, ♪, 𝄾, 𝅗𝅥, 𝄼, 𝅝 y 𝄻 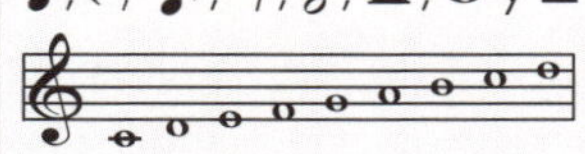 2/4, 3/4 y 4/4; |, ||, :|| y ‿ ⌒ Cualidades del sonido.	Ritmo y movimiento.	Colocación de la orquesta sinfónica.

Los iconos que aparecen en el libro significan:

Cantamos

Tocamos

Lenguaje musical

Nos movemos

Autor: **Javier Atance Ibar**

Equipo editorial: Belén García Calvo (coordinación)
Patricia Penanes Blanco
Nerea Sagredo Ezquerra

Asesora pedagógica: M.ª Jesús Peña Negueruela

Equipo de diseño: Marta Illescas Núñez (coordinación)
Elena Jaramillo Gallardo
Cristina García del Amo

Equipo multimedia: Kash Productions con la colaboración de la *Canal Street Jazz Band*
Gema Rizo Estrada
Charmed Multimedia

Maquetación y partituras: DiScript, S. L.

Ilustración: Fernando Noriega

Documentación gráfica: TxT y Adagio Hermosilla

Realización fotográfica: Antonio Marcos y Alejandro Amador

Diseño de cubierta: Confusión, S. L.

Equipo de producción: José Antonio Clares (coordinación)
Tini Cardoso

Agradecimientos

Pearson Educación agradece la participación en el pilotaje de *Vivace* a los profesores de Música abajo mencionados; sus sugerencias, basadas en su gran experiencia en el aula, han sido fundamentales en la elaboración de este método de Música:

M.ª José Collado (Col. San Viator, Madrid); M.ª Luisa Fernández (C. P. Valdepalitos, Madrid); Fernando Chicano (C. P. Posadas Carvajal, Sevilla); Esther Muriel (C.P. Hipólito Lobato, Sevilla); Roberto Ángel González (Col. Nuestra Señora de la Consolación, Valladolid).

Pearson Educación también agradece su colaboración a Déborah Ranz Costero y a Jesús Atance Atance.

ISBN 13: 9788420547312

Depósito legal: M-12374-2009

Impreso en Europa